AF395345

NOTICE HISTORIQUE

SUR LE

PALAIS NATIONAL.

NOTICE HISTORIQUE

sur le

PALAIS NATIONAL

NOTICE HISTORIQUE

SUR LE

PALAIS NATIONAL

ET

DESCRIPTION

DES SALLES DE L'EXPOSITION

et des

APPARTEMENTS INTÉRIEURS.

PRIX : 25 CENTIMES.

PARIS

VINCHON, IMPRIMEUR DES MUSÉES NATIONAUX

RUE J.-J. ROUSSEAU, N° 8.

1850.

[illegible]

[illegible]

[illegible]

[illegible]

[illegible]

[illegible]

[illegible]

PAR

[illegible]

[illegible]

PARIS

[illegible]

G. M. [illegible]

PALAIS NATIONAL.

Le Palais National, qui portait avant la Révolution le nom de Palais Royal, est, sans contredit, après le Louvre et les Tuileries, celui des monuments de Paris qui rappelle le plus de souvenirs historiques.

Il a successivement servi de résidence à un grand ministre, à Louis XIV, à l'illustre famille d'Orléans, à un grand Corps de l'État, et enfin au feu roi Louis-Philippe. Il a été le refuge d'infortunes royales, le rendez-vous des seigneurs de la cour du Régent, le témoin de grands événements politiques, le théâtre de leurs développements et de leurs tragiques résultats. Aujourd'hui ce palais est destiné à l'Exposition des ouvrages des Artistes vivants.

Il n'entre pas dans les limites restreintes de cette Notice de faire remonter la description du Palais National jusqu'à des temps très reculés; ces appréciations manqueraient d'ailleurs d'intérêt et de preuves certaines. Il nous suffira de dire, sur les temps anciens, qu'il est à peu près constant que, sous les Gallo-Romains, l'emplacement qu'occupent maintenant le jardin et le passage Radzviwil, si on en juge par les découvertes qui y ont été faites en 1763, était le centre d'une importante population romaine (1).

Il est aussi reconnu comme certain que, sous Charles VI, c'était sur ce même emplacement que se trouvait l'hôtel du fameux connétable d'Armagnac qui, sous Charles IX et Henri IV, prit successivement les noms d'hôtel de Mercœur et de Rambouillet.

C'est en 1624 que le cardinal de Richelieu l'acheta du marquis d'Estrées pour agrandir l'hôtel qu'il avait dans la rue des Bons-Enfants. Bientôt après, il fit abattre le mur d'enceinte de Paris qui l'avoisinait, combla le fossé et étendit ses jardins jusqu'aux prairies où sont aujourd'hui les rues Vivienne et des Petits-Champs.

Lorsque Richelieu voulut élever une habitation digne de sa haute fortune, ce fut sur les plans de l'architecte Lemercier qu'il fit construire le palais auquel il donna le nom de Palais Cardinal.

Tout en cherchant à égaler la magnificence d'un roi, le Cardinal ne put élever qu'un palais très irrégulier en raison des nombreuses transformations que marquèrent les accroissements successifs de sa puissance.

Voici quelles étaient les dispositions les plus importantes du Palais Cardinal.

Dans l'aile droite, aujourd'hui aile de Valois, il fit

(1) Ces terrains se trouvaient placés sur les bords d'une voie romaine qui venait de Pontoise par Saint-Denis et Clichy, se rendait aux ponts de la Cité et, de là, au temple de Mercure au faubourg Saint-Marceau, et à celui de Cérès et d'Isis rue Notre-Dame-des-Champs et le village d'Issy.

faire une grande salle de comédie. C'est là que fut représentée sa tragi-comédie de *Myrame*, qu'il avait composée avec Desmarets. Dans cette même salle les fiançailles de Claire-Clémence de Maillé avec le duc d'Enghien, depuis le grand Condé, furent célébrées en grande cérémonie par Richelieu. C'est enfin là que Molière fut pris du mal dont il mourut, le 17 février 1673, dans une maison de la rue Richelieu qui porte aujourd'hui le n° 34.

Dans l'aile gauche, aujourd'hui de Montpensier, il disposa une longue galerie qu'il fit décorer par Philippe de Champaigne. « Des tableaux, des rostres « imités de l'antique, étaient répandus dans cette « voûte sur un grand fond d'or peint en mosaïque, « et composaient ensemble comme une sorte de « panégyrique en l'honneur du maître de la mai- « son. » (1).

Dans l'aile gauche de la seconde cour était la galerie des hommes illustres. Richelieu et Louis XIII n'y étaient pas oubliés. Les vingt-quatre portraits qui la composaient étaient peints par Philippe de Champaigne, Simon Vouet, Juste d'Egmont et Poërson (2).

Dans la même aile existait une seconde salle de

____

(1) Sauval.

(2) Cette galerie et les portraits subsistaient encore en 1778, ainsi que le constate d'Argenville ; à partir de cette époque, il n'est plus possible de savoir ce que sont devenues ces peintures, qui probablement ont été détruites lors de l'incendie de 1780 ; car Thierry, qui décrit le Palais Royal en 1787 n'en parle pas.

spectacle qui ne pouvait contenir que cent personnes. Elle était destinée aux intimes; enfin Richelieu avait fait disposer une petite chapelle richement décorée dans laquelle il disait sa messe.

C'est au Palais Cardinal que furent arrêtés et signés par le premier ministre de Louis XIII les statuts de l'Académie française, déjà fondée en 1635 par lettres-patentes du roi, et dont Richelieu avait été nommé chef et protecteur. C'est au Palais Cardinal que ce grand homme vint mourir le 4 décembre 1642.

Au milieu de sa toute puissance, Richelieu crut voir que son faste avait excité la jalousie du Roi. On dit que pour l'apaiser, ou encore pour reconnaître les faveurs qu'il en avait reçues, il lui en fit donation par un acte du 6 juin 1636, libéralité qu'il confirma par son testament daté de Narbonne en 1642. Il y mit pour condition qu'il en garderait la jouissance pendant sa vie, et que son palais ne sortirait jamais des membres de la famille de la couronne de France.

L'état languissant de Louis XIII ne lui permit pas de venir l'habiter, car, six mois après son ministre, il mourait à Saint-Germain, le 14 mai 1643. La seule modification qu'il fit faire au palais fut de substituer sur la porte principale l'inscription *Palais Royal* à celle de *Palais Cardinal*, qui fut rétablie par Anne d'Autriche sur les instances de la duchesse d'Aiguillon, nièce de Richelieu.

Anne d'Autriche, veuve de Louis XIII, fut trop occupée des troubles de la Fronde pour avoir le loisir de s'occuper de l'embellissement du palais. Elle n'y fit faire qu'un oratoire et une salle de bain qui furent décorés par Vouet, Bourdon, Stella, Lahire, Dorigny et Poërson. Elle fit détruire la galerie peinte par Philippe de Champaigne en l'honneur de Richelieu, pour y établir les appartements du frère du Roi, le duc d'Anjou, depuis duc d'Orléans.

Louis XIV accorda, en 1660, la grande salle de spectacle à Molière pour les représentations de sa troupe, et à la mort du grand comique, le Roi en concéda la jouissance à l'Académie royale de musique, qui prit le nom d'Opéra. En 1692, il fit don, à titre d'apanage, du Palais Royal à son frère Philippe de France, duc d'Orléans, Monsieur, qui en était déjà en possession en 1661.

Le Régent, fils de Monsieur, ayant à lutter contre les intrigues du duc du Maine, absorbé d'ailleurs par des embarras financiers, ne put, malgré son goût ardent pour les arts, s'occuper des embellissements du Palais Royal. Il fit seulement édifier le château d'eau sur la place, devant l'entrée principale, sur les dessins de Robert de Cotte.

Le fils du Régent, Louis, duc d'Orléans, affligé de la mort de son père et de la perte de sa femme, habita très peu le Palais Royal. Il fit replanter les jardins sur des plans nouveaux, après quoi il se retira dans le couvent des Génovéfains.

Le duc d'Orléans (Louis-Philippe), fils de Louis et petit-fils du Régent, était en possession du Palais longtemps avant la mort de son père, lorsque la grande salle de l'Opéra fut détruite par l'incendie du 6 avril 1763, ainsi que l'aile droite de la première cour et une grande partie du corps principal de l'édifice situé entre les deux cours.

L'exploitation de cette salle avait été concédée par Philippe d'Orléans, frère de Louis XIV, dès 1749, à la ville de Paris par suite de la faveur dont jouissait près de lui, Lulli ; le duc d'Orléans exigea des échevins que la ville l'indemnisât et que les bâtiments fussent reconstruits.

La restauration fut immédiatement entreprise sur des bases plus étendues. Le duc acheta cinq maisons, la ville trois, et la salle édifiée sur les terrains actuellement Cour des Fontaines et la rue de Valois, vint s'adosser sur l'aile droite du Palais. Les deux parties voulurent avoir chacune leur architecte. La ville choisit M. Moreau, le duc M. Contant d'Yvry. Le premier fit la salle, le second les vestibules et les localités qui devaient être plus spécialement occupées par le Prince.

C'est à M. Contant d'Yvry qu'on doit le grand escalier du vestibule qui existe encore, ouvrage très remarquable dont on admire le grandiose ; c'est Deforgues qui donna les dessins de la magnifique rampe de cuivre, et c'est Corbin qui l'exécuta.

La nouvelle salle fut ouverte au public le 26 janvier 1770.

Le duc d'Orléans (Louis-Philippe-Joseph), alors duc de Chartres, reçut le Palais Royal par avancement d'hoirie en 1780, lorsque son père épousa secrètement madame de Montesson.

L'année suivante, le 8 juin, le feu prit encore à la salle de l'Opéra après une représentation d'Orphée. Elle fut de nouveau entièrement consumée par les flammes.

La reconstruction fut mise au concours, et c'est

l'architecte Louis, déjà célèbre, qui fut chargé de ce soin. Il s'occupa, en même temps de donner de nouvelles dispositions au jardin.

La forme désagréable et l'irrégularité des habitations qui avaient des vues directes et des issues sur le jardin firent sentir la nécessité de l'isoler de ces anciennes constructions par les rues et de l'entourer de trois côtés par des arcades.

Le quatrième côté fut provisoirement formé par un double rang de galeries de bois qui subsistaient encore en 1825.

L'étendue du jardin en fut diminuée; mais l'aspect général du Palais et de ses dépendances y gagna.

On y éleva au milieu, en creusant dans le sol pour ne point masquer la vue, un cirque de forme allongée. Il était destiné à des exercices d'équitation, mais il fut consacré à des assemblées littéraires et politiques; c'est là que Laharpe fit son cours de littérature. Il fut incendié en 1798.

En 1789, M. Louis fit construire la salle actuelle du Théâtre-Français sur l'emplacement d'un autre petit théâtre, appelé les Variétés amusantes, où brillèrent Bordier, Beaulieu et le fameux Volange, le créateur des Jocrisses.

A la mort du duc d'Orléans, Louis-Philippe-Joseph, arrivée en 1793, ses biens d'apanage furent confisqués et ceux patrimoniaux revinrent à ses ayant-droit, le Théâtre-Français fut de ceux-ci et comme tel vendu.

En 1801, le premier Consul établit dans l'aile gau-

che de la deuxième cour le Tribunat, et, après sa suppression, il réunit le Palais Royal aux domaines de la
couronne.

A la Restauration, le duc d'Orléans (Louis-Philippe) rentra par la restitution de ses biens person-
nels et d'apanage en possession du Palais Royal; il
vint s'y installer le 25 mai 1814. Ce palais était dans
ce moment rempli de locataires et de dépôts publics,
où se trouvaient entassés les objets d'ameublement
commandés aux fabricants de Paris qui manquaient
d'ouvrage pendant la campagne de Prusse.

En 1815, il fut habité par Lucien Bonaparte.

A cette époque le Palais ne conservait plus que
de faibles vestiges des constructions primitives du
Cardinal (1). Le duc d'Orléans entreprit le projet de sa
restauration complète. Il chargea de ce soin M. Fontaine. C'est sous les ordres de cet architecte que fut
percée la galerie qui conduit du jardin à la rue Saint-
Honoré, que furent dégagés les pérystiles qui se
trouvent aux quatre coins du jardin, et que la grande
galerie vitrée dite d'Orléans et celle de Nemours
furent construites. C'est encore sur les plans et sous
la direction de M. Fontaine, que les appartements
intérieurs furent restaurés et que fut disposée la
galerie historique qui contenait une collection de
tableaux encastrés dans les boiseries. Ces tableaux
peints par MM. Horace Vernet, Eugène Delacroix,
Ary Scheffer, Alfred Johannot, Steuben, Deveria,
Heim, Cottereau, Mauzaisse, Blondel, Gosse et Mon-

(1) La galerie des proues qui donne de la Cour des Fontaines
à celle d'Orléans.

voisin, représentaient les principaux événements qui avaient eu le Palais Royal pour théâtre.

Ainsi furent terminés les travaux qui laissèrent le Palais Royal dans l'état où nous l'avons vu de nos jours.

Comme monument, certaines parties sont élégantes et bien étudiées. Le Théâtre-Français passe, surtout, pour une des constructions les plus intéressantes de Paris. La cour de l'Horloge qui donne sur la rue Saint-Honoré est l'œuvre de M. Moreau. Le fronton, décoré de deux jolis groupes de pierre par Pajou, est d'une disposition fine et monumentale.

La seule inscription qui subsiste maintenant sur le Palais National est celle-ci : EXPOSITION DES OUVRAGES DES ARTISTES VIVANTS.

La nouvelle salle de l'Exposition est construite dans la grande cour d'honneur, on y arrive, d'un côté, par la cour de l'Horloge, de l'autre, par la cour de Nemours, la sortie a lieu par l'escalier Montpensier et le pérystile de Chartres. Le vestibule, qui avait trois entrées et trois sorties pour aller de la cour de l'Horloge à celle d'honneur, est converti en salle d'exposition. De cette première localité, on passe dans une seconde galerie adossée aux anciennes constructions du Palais. Elles contiennent toutes deux les ouvrages de sculpture. De là on a devant soi le grand salon, à droite une galerie, à gauche une autre, et derrière le grand salon une troisième, de telle sorte que cette salle est encadrée de quatre galeries. Ces localités sont destinées particulièrement à la peinture. On a disposé, toutefois, dans les galeries divers groupes de sculptures à des distances combinées.

Le nouvel édifice, construit en charpente et en maçonnerie legère, est couvert en zinc, les voussures des trois galeries adjacentes, peintes en grisailles pour laisser aux ouvrages de peinture toute leur importance et l'harmonie de leurs tons, sont d'un système de décoration simple qui se relie entièrement avec la partie architecturale. Les voussures du grand salon imitent le caractère des peintures à fresque. Les noms des grands peintres, graveurs et architectes y sont inscrits.

L'espace occupé par la nouvelle construction présente une surface d'environ 600 mèt.

Le grand escalier et les ailes de Valois et de Montpensier sont aussi occupés par les ouvrages de l'Exposition, ainsi que la chapelle, qui a été disposée à cet effet.

Les deux ailes de Montpensier et de Valois se trouvent reliées au premier étage par une galerie couverte, construite sur la terrasse de la galerie d'Orléans. Elle est chauffée au moyen de quatre calorifères.

Les quatre galeries qui entourent le grand salon de toutes parts, et qui se réunissent entre elles à angle droit, forment un quadrilatère dont le périmètre n'a pas moins de 155 mèt. 70 cent.

En comparant les nouvelles localités à celles du Louvre, on trouve que le grand salon carré du Musée central, que tout le monde connaît, a 24 mèt. 25 cent. sur 10 mèt. 95 cent. de côté ; celui de la cour d'honneur du Palais National a 21 mèt. 40 cent. sur 17 mèt. La hauteur des parois du premier est de 12 mèt., celle des parois du second est de 10 mèt. 25 cent., non compris dans l'un et dans l'autre les parties des voussures. La surface de l'ancien salon carré est de 381 mèt. 95 cent., celle du nouveau est de 365 mèt. 50 cent. La différence comme on le voit est insignifiante. Des quatre galeries, celle qui touche aux anciennes constructions a 42 mèt. 60 cent. de longueur, sur 8 mèt. de largeur. Celle du côté de la galerie d'Orléans et qui lui est parallèle a aussi 42 mèt. 60 cent. de longueur sur une largeur de 10 mèt. 20 cent. Les deux autres qui courent du nord au sud, sont longues de 35 mèt. 25 cent., et larges de 10 mèt. 20 cent. On sait que la grande galerie du Louvre ne présente que 9 mèt. 50 cent. dans sa plus grande largeur. La surface vitrée de la lanterne du salon du Louvre a 68 mèt. 37 cent. de superficie, celle du Palais National a 103 mèt. 20 cent., les moyens sont organisés pour enlever les neiges et des calorifères fonctionnent dans toutes les localités.

Les constructions sont revêtues d'une épaisse cuirasse de madriers séparés de la maçonnerie de 8 à 15 cent., afin de mettre les tableaux à l'abri de toute humidité. Elles offrent un développement de 1,700 mèt. de surface.

Depuis la mort de Richelieu, le Palais Royal avait été le témoin de faits intéressants au point de vue de l'histoire et des arts. Nous les rappellerons succinctement.

A la mort de Louis XIII, la régente Anne d'Autriche vint l'habiter avec le jeune roi Louis XIV, depuis le 7 octobre 1643 jusqu'au 20 octobre 1652.

Le duc d'Anjou, depuis duc d'Orléans, frère du Roi, y fut baptisé le 11 mai 1648.

On y célébra, avec une pompe extraordinaire, le

5 novembre 1645, le mariage de Wladislas VII, roi de Pologne, avec la fille du duc de Nevers.

Lors des troubles de la Fronde, la Reine-régente, blessée de la résistance du Parlement et de la demande qu'il lui avait faite d'éloigner le cardinal Mazarin, fit arrêter par Comminges, lieutenant de ses gardes, le 26 août 1648, Broussel, conseiller au Parlement, et Blancménil, président des requêtes. Le peuple se souleva; le Coadjuteur, depuis cardinal de Retz, se rendit au Palais Royal pour faire connaître le danger à la Régente et lui demander la liberté des deux prisonniers; sur son refus, le Parlement en corps s'y transporta sans plus de succès, et ce ne fut que sur de nouvelles instances du premier président Molé, à cause de l'imminence du danger, que fut accordée cette liberté trois fois refusée.

Le 18 janvier 1650, la Reine assembla le conseil de régence et fit arrêter les princes de Condé, de Conti et de Longueville, qui en faisaient partie; elle les fit conduire à Vincennes. A cette nouvelle, le peuple se souleva, et sa contenance fut telle, que le cardinal Mazarin se crut obligé d'aller les mettre lui-même en liberté au Hàvre où il les avait fait transférer.

Dans la nuit du 9 au 10 février 1651, le bruit courut que la Régente voulait emmener de nouveau le Roi à Saint-Germain-en-Laye, comme elle l'avait déjà fait lors de l'arrestation de Broussel et Blancménil. Le peuple voulut s'opposer à cet enlèvement, et son émotion devint telle que, pour éviter une insurrection, on fut obligé de le laisser entrer en foule dans la chambre du jeune Roi, pendant qu'il dormait, pour qu'il s'assurât de sa présence à Paris.

En 1652, le Palais Royal fut assigné pour résidence à Marie-Henriette de France, fille de Henri IV
et veuve de Charles Ier, roi d'Angleterre, qui l'habita
peu de temps.

On y célébra, le 31 mars 1661, le mariage du duc
d'Orléans, frère de Louis XIV, avec Henriette
d'Angleterre, fille de Charles Ier, et, en 1692, celui de
Mlle de Montpensier avec le Prince des Asturies, plus
tard Charles II, roi d'Espagne.

Le comte de Briou, ancien écuyer de Gaston
d'Orléans, habitait avant 1661 une partie du palais. A
sa mort, en 1661, l'Académie royale de peinture et
de sculpture, obligée d'abandonner le Louvre où elle
fonctionnait par suite de l'installation de l'Imprimerie
royale, fut autorisée à s'y établir. Elle occupa les
appartements du comte de Briou. C'était un corps de
logis isolé du palais quoique y attenant; le cardinal de
Richelieu l'avait fait construire pour y placer sa bibliothèque et y loger ses officiers. On y pénétrait par une
entrée particulière du côté de la rue Richelieu. Ce
bâtiment, qui s'étendait sur l'emplacement occupé aujourd'hui par le Théâtre-Français et la rue de Montpensier, était quelquefois désigné, par suite du long
séjour qu'y avait fait le comte de Briou, sous le
nom de Palais Briou.

Jusqu'alors il n'y avait pas eu en France d'exhibi-
tion publique des ouvrages des artistes. C'est au
Palais Royal qu'elles furent inaugurées. L'Académie
n'avait pu encore trouver d'emplacement convenable
pour une exposition. La cour du bâtiment qu'elle oc-
cupait au Palais Royal lui en offrit un. C'était un mur
de 180 pieds de long et sans aucune fenêtre, qui s'é-

tendait en face de la galerie construite par le Cardinal pour sa bibliothèque ; les académiciens se mirent à exposer leurs ouvrages le long de ce mur et à ciel découvert ; les graveurs seuls avaient leurs cadres dans une petite salle du rez-de-chaussée. Ces premiers essais d'expositions passèrent inaperçus. Gault de Saint-Germain nous a conservé dans *Les trois siècles de la peinture en France* (1) le livret du *premier salon* intitulé : *Liste des tableaux et pièces de sculpture exposez dans la court du Palais Royal, par Messieurs les peintres et sculpteurs de l'Académie royale.*

On y remarquait les quatre grands tableaux de Lebrun, chancelier et recteur de l'Académie, représentant la Défaite de Porus, le Passage du Granique, la Bataille d'Arbelles et le Triomphe d'Alexandre (2); deux tableaux de Bon Boulongne, un de Philippe de Champaigne, deux de son neveu Jean-Baptiste Champaigne; de Claude Lefèvre dix portraits, parmi lesquels ceux des comédiens Lafleur et Poisson; d'Antoine Stella, un Baptême du Christ; de Nicasius Bernard, le maître de Desportes, un tableau d'animaux; de Baptiste, quatre tableaux de fleurs; de Vandermeulen, la Vue de Lille et celle de Dôle (3); un portrait au pastel de Garnier; de Jacques Courtois, dit le Bourguignon, quatre tableaux et son portrait; et de Francisque Millet, quatre paysages.

Les sculpteurs Girardon, Lehongre, Desjardins, Mazières y avaient exposé des bas-reliefs, des groupes

(1) Paris, Belin, quai des Augustins, n° 65, 1808.
(2) Ces tableaux sont au Musée du Louvre.
(3) Ces tableaux sont au Musée du Louvre.

et des bustes, et les graveurs Leclerc, Guillaume Valet et Étienne Picard, des gravures en taille-douce (1).

Ce fut dans dans le jardin du Palais Royal, que le 12 juillet 1789 Camille Desmoulins, au sujet du renvoi de Necker, fit un appel au patriotisme des citoyens de Paris et qu'il arbora la cocarde verte, signe d'espérance, qui fut peu de moments après remplacée par celle aux trois couleurs.

(1) Gault de Saint-Germain dans son livre *Des trois siècles de la peinture en France*, après avoir donné copie de ce premier livret de nos expositions, annonce que l'exemplaire *de cette liste unique en Europe* lui a été communiquée par M. Deloynes, ancien auditeur des Comptes. Il paraît qu'on second exemplaire de ce curieux document vient d'être trouvé à la Bibliothèque nationale.

Outre celle de l'Académie royale et de l'Académie de Saint-Luc, il y a eu diverses expositions publiques d'ouvrages d'artistes vivants. Une des plus anciennes est celle de la *Jeunesse*, qui avait lieu tous les ans à la place Dauphine dans l'angle du nord, le jour de la petite Fête-Dieu, depuis six heures du matin jusqu'à midi. Les tableaux et dessins s'attachaient sur les tentures des tapisseries exigées par la police, sur le passage des processions du Saint-Sacrement. A la révolution de 1789, ce vieil usage disparut.

La seconde exposition des artistes réunis en corps académique eut lieu en 1699 sous les auspices de Mansard, et toutes celles qui se sont succédées laissent entrevoir des intervalles plus ou moins longs jusqu'en 1737, où elles furent réglées par Orry, ministre des finances et directeur général des bâtiments, à une époque fixe chaque année. Elles commençaient le 25 août et duraient un mois. Depuis 1753 jusqu'à la révolution, elles n'eurent plus lieu que tous les deux ans. En 1793, elle se fit aux Tuileries et revint définitivement au Louvre en 1795 jusqu'en 1849.

L'Académie royale fondée par Louis XIV en 1655, et dont Lebrun fut le premier directeur, s'est transformée en deux

Le duc d'Orléans (Louis-Philippe-Joseph), y fut arrêté avec son troisième fils, le duc de Montpensier, le 4 avril 1793.

Le 31 mai 1830, le duc d'Orléans, depuis le roi Louis-Philippe, y donna une fête brillante au roi et à la reine de Naples, ses beau-frère et belle-sœur qui revenaient d'Espagne.

Deux mois plus tard, la chambre des députés venait offrir au duc d'Orléans la lieutenance générale du royaume après le départ du roi Charles X, et la commission municipale de Paris y résignait ses pouvoirs entre les mains du Prince.

Le 7 août suivant, les deux chambres y venaient saluer le nouveau roi, qui accepta la couronne deux jours après.

Par le fait de l'avènement du duc d'Orléans au trône, le Palais Royal, bien d'apanage, fit retour aux domaines nationaux. Au mois de septembre 1830, il fut déclaré, par une loi de la chambre des députés, bien de la liste civile du nouveau roi, et à la révolution de février il fit, de nouveau, retour aux domaines nationaux.

classes : l'une, enseignante sous le titre d'École spéciale de peinture et de sculpture, aujourd'hui des Beaux-Arts, fonctionnant à l'École nationale, rue des Petits-Augustins ; l'autre, formant la classe des Beaux-Arts de l'Institut.

L'Académie de Saint-Luc, fondée par Eustache Lesueur et Lepautre, tenait ses séances rue Saint-Denis-de-la-Châtre dans la Cité. Mignard, le rival de Lebrun, fut proclamé prince de l'Académie de Saint-Luc. A des distances très éloignées, elle a donné des expositions publiques : la dernière a eu lieu en 1772 ou 1773 à l'ancien hôtel Jabach, rue Saint-Merry. C'est Pierre, premier peintre du roi, qui en obtint la suppression.

Le 17 février 1831, Louis-Philippe, roi des Français, y reçut la députation du congrès Belge, qui venait lui offrir le trône de Belgique pour son second fils le duc de Nemours, trône qu'il refusa le même jour.

Le roi continua de l'habiter jusqu'au 31 octobre 1831; il le quitta pour faire sa résidence aux Tuileries.

Enfin, le 24 février 1848, le peuple après la prise du Château-d'Eau, entra au Palais Royal et détruisit une partie du mobilier et des tableaux qui le décoraient.

L'état-major de la garde nationale mobile y fut installé dans le mois de mars suivant, et après le licenciement de ce corps, le Palais National devint vacant.

C'est au mois d'octobre 1850, que l'administration du ministère de l'Intérieur en prit possession pour y disposer l'Exposition des ouvrages des artistes vivants, que le public visite aujourd'hui, et qui fut ouverte le 30 décembre 1850.

APPARTEMENTS DU PREMIER ÉTAGE.

AILE DE VALOIS SUR LA COUR D'ENTRÉE.

APPARTEMENTS DE Mme ADÉLAÏDE
SOEUR DU ROI.

1. Antichambre.
2. Premier salon.
3. Deuxième salon.
4. Galerie.

FAÇADE PRINCIPALE SUR LA COUR D'ENTRÉE.

APPARTEMENTS DU ROI.

5. Antichambre.
6. Salon des aides-de-camp.
7. Salon d'audience.
8. Petit cabinet.
9. Grand cabinet du roi.

(C'est là que furent discutés et arrêtés les principaux articles de la Charte de 1830.)

AILE EN RETOUR SUR LA COUR DE L'HORLOGE.

SUITE DES APPARTEMENTS DU ROI.

10. Chambre à coucher.
11. Petit salon bleu.
12. Galerie.
13. Chapelle.
14. Bibliothèque.
15.   Idem.
16. Petit salon de l'aile Nemours.
17. Galerie historique.

PRINCIPAL CORPS SUR LA COUR D'HONNEUR.

18. Salon des bijoux.
19. Galerie de la chapelle, ou salon du conseil.
20. Salle du trône.
21. Galerie des batailles.
22. Salon rouge.

> (C'est dans cette pièce que M. Laffitte vint, le 7 août 1830, offrir, au nom de la Chambre, la couronne au duc d'Orléans. — On y voyait le *Cuirassier* et le *Guide* de Géricault, qui ont été restitués aux héritiers de la famille d'Orléans.

AILE DE VALOIS SUR LA COUR D'HONNEUR.

23. Salon des trophées.
24. Salon jaune.
25. Galerie dorée.
26. Salon gros bleu.
27. Écrivanie de la reine.
28. Chambre à coucher de la reine.
29. Galerie de communication.

AILE MONTPENSIER (BATIMENT NEUF). *

30. Grande chambre à coucher.
31. Salon circulaire.

> (La demi-lune était occupée par un divan.)

32. Salon des arabesques, ou petit salon.
33. Galerie dorée, ou grand salon.
34. Salle à manger.

------

* Les appartements du bâtiment neuf, construits par Louis-Philippe, ont été successivement habités depuis 1832 par le prince de Syracuse, frère du roi de Naples; le prince de Saxe-Cobourg, et Christine, reine d'Espagne. C'est dans ces mêmes appartements que le Comptoir d'escompte avait établi ses bureaux (de 1848 à 1850).